PENIS SAFARI

DIESES LUSTIGE BUCH FÜR DEN KLEINEN FREUND DES MANNES BEINHALTET 19 VERSCHIEDENE BILDER.

DU KANNST SIE NACH DEINER INDIVIDUELLEN GRÖSSE ZURECHTSCHNEIDEN.

ES EIGNET SICH AUCH SUPER ALS LUSTIGES FINGERSPIEL.

VIEL SPASS!

ANLEITUNG

1.WÄHLE DEIN WUNSCH MOTIV AUS

**2.SCHNEIDE DIE PASSENDE GRÖSSE
ENTLANG DER GESTRICHELTEN LINIE AUS**

**3.STECKE DEIN GEWÜNSCHTES
KÖRPERTEIL DURCH UND ENTDECKE DIE
SAFARI WELT**

CONTACT: ANNEMEYER235@GMAIL.COM

Printed in Great Britain
by Amazon

26983117R00025